Herstellung und Verlag: BoD – Books on Demand, Norderstedt
ISBN: 9783755797074

Vorwort:

Wenn man als Mensch den Wahnsinn und dessen Irrwege kennen gelernt hat,
weiß man ihn nicht nur zu fürchten, sondern auch ihn zu achten und zu schätzen.
Man muss den Wahnsinn kennen, wenn man schon Mal in einer Psychose gelandet ist,
um früh genug den Fehltritt auf einem schmalen Pfad vermeiden zu können.
Man sagt sich das Irren menschlich sei.
Diese Aussage bekommt auf der Basis eines Menschen, der schon etliche Male
vom Wahnsinn getrieben in die Höhen menschlicher Surrealität oder in die tiefen
Täler menschlicher Abgründe gereist ist eine fast schon absurde Bedeutung.
Es gibt immer Mittel und Wege sein eigenes Leid zu relativieren,
um somit die Macht über sich und seinen Geist zurückzugewinnen.
Die Fantasie ist eines der größten Potenziale des Menschen.
Natürlich spielt der analytisch, logische Verstand auch eine große Rolle im menschlichen
Leben und dennoch ist es die Fantasie,
die sowohl das Paradies als auch Horrorszenarien ausmalen kann.

Kunst als Möglichkeit zu nutzen, um damit die Wirklichkeit für sich und für andere gestalten
zu können ist ein Weg, der die Möglichkeit bietet seinen Gesundheitszustand positiv zu beeinflussen
und somit sich und seine Umwelt zu gestalten und zu formen.

Ich bin der Meinung das Kunst ein großes Potenzial hat.
Das Potenzial menschliches Bewusstsein zu erweitern,
um es somit auf eine höhere Ebene zu heben ist allerdings nur dann möglich,
wenn die Kunst in der Gemeinschaft einen freien Zugang findet und auch von den Lesern
mitgestaltet, umgestaltet und erweitert werden darf.
Das ist nur möglich, wenn man das Urheberrecht Mal bei Seite lässt und so wie hier
zu einer Lizenz wie https://artlibre.org/licence/lal/de1-3/ greift.

Freie Kunst und Freie Kultur kann sich an dem Ort entfalten,
andem sich das Individuum nicht ganz so individuell sieht
und sich etwas mehr als Teil eines Kollektiv begreift.

Die Idee der Freien Kultur ist aus der Softwareentwicklung abgeleitet und wird dort
von der Free Software Foundation und dem GNU-Projekt umgesetzt.

Dieses Buch ist im Geiste einer Freien Kultur entstanden,
die künstlerische Werke als ein Allgemeingut betrachtet
und an das kreative Potenzial eines jeden Menschen appelliert.
Jeder Leser ist dazu aufgerufen bei Bedarf die Gedichte und Modelle
weiter zu nutzen und gegebenen Falls zu verändern.
Es besteht kein Anspruch auf Vollendung oder Perfektion der Werke von meiner Seite.
Die Perspektiven, Blickwinkel, Einsichten und Erkenntnisse,
welche die Werke vermitteln sind wie so vieles im Leben nur Momentaufnahmen
und können dazu dienen sich selbst und das Leben zu relativieren
um das Leid, das man als Mensch erlebt, etwas zu lindern.

Im Sinne einer Freien Kultur und der Freien Kunst gebe ich diese Werke frei.

https://stefangoschler.jimdo.com/

Inhalt

Danksagung
Vorwort

Gedichte (Deutsch)

Inhalt

Gott und die Welt

Gedichte (Englisch)

Gedichte (Deutsch)

1.Des Frühlings Duft

Des Frühlings Duft liegt in der Luft.
In mir steigt die Lebenslust.

Des Glückes Segen fällt wie der Regen auf uns herab.
Geschmücktes Leben habe ich dich ertappt.

Eine leichte Brise von deinem Atemzug genügt mir
und Ich verlier mich in dir oh reine Schöpferkraft.

Die Knospen sprießen in der grünen Aue.
So traute ich mich dich mit reinem Wesen zu beleben.

Geschöpf der Natur du bist vollkommen.
Der Frühling kommt.
In meinem Herzen ist er sonnenklar.

[Stefan Goschler, Des Frühlings Duft].

2.Der Startwert eines Lebens
(Zwischen Wissensdurst und Glaubensrichtung)

Ein Wesen ohne Form und Namen,
der Wald hat seinen Ursprung auch im ersten Samen.
Feuchter und nährender Grund, die Wund der Damen.
Der Urgrund, aus dem sich der Körper und der Geist erhebt.
Die Erde pulsiert und bebt.
Der Geist sich aus der Tiefe erhebt.

An einer Schnur fast ersticken.
Das Licht der Welt erblicken.
Seinen Geist vorausschicken.

Ewig währender Zirkel,
der Durst nach Mehr,
das Wissen fürchte ich sehr.
Missen sollte ich die Erfahrung,
die ohne eine Vorahnung
nicht zu Wissen werden würde.
So nehme ich diese Hürde.
Lasse dem Geist seine Würde
und lasse ihn bestehen,
denn er kann mit dem Glauben
durch die Dreifaltigkeit gehen.

Der Moment, der in jedem von uns brennt.
Die Vergangenheit, die Gegenwart und die Zukunft
vereint in der Dreifaltigkeit des Geistes.

Zwischen Erfahrung, Wissensdurst und Glaubensrichtung
macht es einen Unterschied welchen Geist wir erwarten zur Sichtung.

3. Wo der analytische Verstand auf die Intuition trifft
(Zwischen Wissensdurst und Glaubensrichtung)

Der Verstand und die Rationalität,
was in jedem Geiste besteht
und die verschiedensten Wege geht,
kann auf dem Weg des Unerklärbaren,
der Irrationalität Formen annehmen,
die keiner auf Anhieb sieht.

So ist das Gefühlte nicht immer präsent im Raum
sowie die Logik fehlt in so manch einem Traum.

Intuition und Spiritualität,
der Weg des Fühlens,
der im Glauben mündet
und die Pfeiler der Religiosität begründet,
ist eine Art der menschlichen Seele Ausdruck zu verleihen.
Sinn zu verleihen
und
Motivation zu kreieren
ohne
nach etwas Bestimmten zu suchen
liegt dem Glauben als Fundament zu Grunde,
denn er heilt ohne Weiteres jede Wunde.

Der analytische Verstand des rationalen Geistes
ist gebunden an Details
und
kann in der Welt der Objekte verweilen,
um Fehler zu erkennen,
die nicht selten als Regelwidrigkeiten gelten.
Er ist an den Fluss der Zeit gebunden
und überwindet Stunden, Minuten und Sekunden.
Im Fluss der Analyse
durchsucht er das Lebensdokument
und
fragt sich ob er bei all den Auffälligkeiten und Fehlern
irgendwann ein Ende findet,
doch die Objekte binden ihn,
denn
zwischen wahr und falsch gibt es für ihn keinen Raum,
denn wie oft ist man nicht wach im Traum?

3.Wo der analytische Verstand auf die Intuition trifft
(Zwischen Wissensdurst und Glaubensrichtung)

Die Rationalität,
die in jedem Geist besteht,
ist dennoch die Konstante,
die Samen sät
und
der Erde Beständigkeit verleiht
doch darüber zu sehen
in Richtung Horizont
ist sie leider selten bereit.

So müssen wir verknüpfen,
was noch nicht ist vereint,
denn nur Gottes Same auch dort keimt,
wo Sinn zu stiften ist,
denn du bist
oft Mal auch Ich
im gemeinsamen Keim,
wo die Logik und die Rationalität
mit dem Gefühl und der Intuition
immer schon vereint war.

So blicken wir in Richtung Horizont als Samen,
der zwischen Männern und Damen
keinen Unterschied macht
und in dessen Ursprung
Gottes gesamte Liebe, Güte und Macht
schon immer vereint war.
So sehen wir klar
am Horizont eine Kultur,
die unter der kosmischen Uhr,
im Traum,
den wir gemeinsam zu träumen wagen
trotz all der Klagen
zwischen
Logik und Gefühl
blüht
und
ein jeder sich um die Entfaltung des Samens bemüht.

[Stefan Goschler, Wo der analytische Verstand auf die Intuition trifft
(Zwischen Wissensdurst und Glaubensrichtung), 03.06.2021].

4.Der Sonnengott

Manches ist hier und manches ist dort.
Einiges codiert und das andere verformt.

Dinge stehen im Raum.
Andere Sachen sieht man kaum.

Bewegung ist nicht immer auf Anhieb sichtbar.
Verformung der Sätze nicht immer dichtbar.

Manches ist grob und manches ist fein.
Einiges steht für sich und ist somit allein.
Vieles ist gruppiert in einem Schwarm
und somit nicht geistesarm.

Manches zeigt sich als Welle und ist doch Teil.
Einiges verändert sich, wenn die Sonne steht steil.

Manches meint man würde sich immer in den gleichen Zyklen bewegen.
Manches scheint trotz der Tränen.
Sehnen tut sich Einiges voneinander und zueinander.
Beieinander ist man immer
und
unter der Sonne vereint.
Die meisten haben davon keinen Schimmer.
Im Schwarm gehen sie immer der Sonne hinterher.
Die Sonne aber denkt auch Mal quer
durch den Kopf und die Brust
derjenigen, die sich am eigenen Schopf
trotz Qualen und Frust
aus den Schalen ihrer eigenen Existenz zogen
und nun den Sonnengott in sich selbst loben.

[Stefan Goschler, Der Sonnengott, 14.02.2020].

5.Die Nabelschnur

Scheinen getrennt zu sein.
Keimen nicht allein.
Sind alle Ursprung des Seins.

Spielerisch entwickelt sich der Lauf der Dinge.
Es macht einen Unterschied, ob ich im Herzen singe,
oder gedanklich von einer Brücke springe.

Finde mich in deiner Nähe, in deinen Augen, wieder.
Es gibt so viele Lieder über Liebe und Wahn.
Irgendwo dazwischen findet sich die Kunst,
die erst entsteht durch Gottes Gunst
und den Dunst der Erde,
durch den das Du zum Ich werde
in einer gemeinsamen Atmosphäre
durch ein zirkulierendes Spiel,
welches man Atem nennt
und das Keinen vom Leben bis zum Tod voneinander trennt.

6.Traumfänger

Im Mutterleib einst so geborgen,
gebunden und verbunden mit der Welt.

Unter Schmerzen geboren.
Auserchoren das Licht der Welt zu erblicken.
Wer hat mich auf diese Reise geschickt?
So lange habe ich geträumt.
Alles war möglich und Nichts habe ich versäumt.

Das große Spiel des Lebens suchte ich vergebens.
Es hat nur den Traum gegeben.
Nun soll ich leben?

Im ewigen Traum, den ich erkundete
hat es so viele Erfahrungen und Räume gegeben
doch niemand sprach vom Leben.

Nun bin ich hier in eurer Welt der Dualität
und versuche eine Einheit zu finden,
die Tag und Nacht übersteht.

[Stefan Goschler, Traumfänger, 19.04.2018].

7.Einsseinkeit

Ein einsamer Stern in den Tiefen des Raums
bewegt und rotiert von einer geheimnisvollen Kraft.
Von der Dunkelheit umgeben und im Inneren am Beben
streift er durch das Bewusstsein und erschafft Leben.

Ein einsamer Stern in den Tiefen des Traums
bewegt und rotiert von einer geheimnisvollen Kraft.
Es klafft ein tiefer Schaft zwischen den Gegensätzen im Universum.
So erschafft er die Menschheit, denn diese dreht jeden Vers um.

Ein einsamer Stern in den Tiefen des Bewusstseinsschaum
bewegt und rotiert und von menschlichen Gedanken sortiert und strukturiert.
Von dem Licht erfüllt und umschlungen wird er von dem Leben seiner selbst umsungen.

[Stefan Goschler, Einsseinkeit, 09.08.2020].

8.Spiegelkabinett

Schatten des Mondes wo ziehst du hin,
wenn zu erliegen kommt der Klang des Sinns?
Steige auf zu den Sternen durch den Blick deiner Augen,
die zu meinen wurden.
Sehe fremde Welten, in denen andere Regeln gelten.

Den eigenen Schatten aufgelöst,
entblößt,
gelöst von den Fesseln des Körpers und des Geistes.

Die Milchstraße gefressen und wieder ausgespuckt.
Diesem Wesen in die Augen zu schauen
bedeutet von einer anderen Macht ergriffen zu sein.

Wollte nur deine Liebe,
Hiebe,
Köpfe zertrümmert völlig unbekümmert.

Aufgewacht im Tunnelblick.
Tick Tack Tick…Zeit, die sich auflöst.
Entblößt und erlöst,
schwimmend in der eigenen Blutlache.

Fern vom Mutterleib die Sprache verloren.
Zum Weltenwandler auserchoren.

Im Spiegelkabinett der menschlichen Verzerrung
sehe ich das Herz brennen als Sonnen,
die pulsieren und nach Mehr gieren.

So klingt das Feuer angefacht in des Mannes Brust, die Macht.
So lacht das Wesen ohne Namen
und streut im Spiegelkabinett seinen Samen.

[Stefan Goschler, Spiegelkabinett].

9.Quantunes

Frequenzen durchbrechen Grenzen.
Lichtwellen haben auch Frequenzen.
Es spricht.
Das Licht spricht und bricht sich.
Als Welle und als Teil,
in der Einheit und der Dualität
besteht das Potenzial der Quantenentität.

10.Freigeist

Des Geistes Natur finden wir in unseren Herzen,
denn dort weiß die Natur über die Strukturen,
die uns umgeben zu scherzen.

Freiheit durch Weitsicht,
Freiheit durch Verzicht der egozentrierten Züge,
denn wir haben erkannt,
dass es keinen Wert hat sich zu belügen.

Wir haben erkannt, dass wir dieses Land,
in dem wir Leben,
diese Erde mit all ihren Segen,
selbst erschaffen.
Wir benötigen keine Waffen,
denn es sind unsere Wunden,
die auf unseren Herzen klaffen,
die das Licht hereinlassen.
Wir reisen durch dieses Licht.
Wir reisen durch unsere Herzen.
Tanzen mit den Resonanzen der gesamten Existenz.

Wir existieren für einen Moment der Ewigkeit,
Endlosigkeit, Einheit, Reinheit.
Wir sind zu zweit.
Immer das Du und das Ich.
So spiegelt man sich
in reimendem Licht.

Projektionen und Visionen tanzen in endlosen Formen
in dem Bewusstsein, dass Du wurdest auserchoren
um zu singen und zu tanzen.

So hören wir auf den Gesang unserer Herzen
und tanzen ohne Schmerzen.

[Stefan Goschler, Freigeist, 06.03.2016].

11.Die Tendenz zum Tanzen

Meine Sinne geben sich der Musik hin.
Das Herz wird auch ergriffen.
Ich werde mitgerissen.
Meine Fantasie wird geschliffen wie ein Diamant.
Die dunklen Seiten werden verbannt.

Euphorie erzeugt vom Universalgenie.
Die Musik zwingt mich in die Knie.

Eine Masse, die um mich herum tobt.
Deine Bässe haben mich mit ihr verlobt.

Eine Liebe und doch kein Wort,
nur die Schwingung und wir fliegen,
fliegen gemeinsam fort.

Zwischen den höchsten Höhen
und den Tiefen der Bässe
fliegen wir durch den Kosmos.

In einem schwarzen Loch verschwunden.
In einer anderen Galaxie wiedergefunden.

Gemeinsam Schritt für Schritt in die Ekstase.
Das ist unsere Oase in mitten einer Wüste.
So finden wir die Ordnung im Chaos.
Lassen uns vom Beat berühren
und durch unsere eigene Fantasie führen.

Das Herz ergriffen.
Die Fantasie feingeschliffen.

Der Tanz ist unsere Chance uns zu befreien.
Wie wir uns aneinanderreihen.
Unsere Körper aneinander reiben,
jedes einzelne Atom und Elektron.

Elektronisch geladen und vereint.
Dank der Musik, die in jedem von uns keimt.

12. Der große Geist im Atem

Wir atmen ein und aus.
Wir gehen nach innen und nach außen.
Wir finden unser Selbst in der Spiegelung
dort draußen im Außen.

Wir atmen ein ganz von allein.
Wir atmen aus und der Tod klatscht Applaus.

Wir halten fest.
Wir lassen los.
Es ist das Los eines Menschenlebens
aus Gaias Schoß zu entspringen.
Der Atem lässt uns zwischen den Sternen singen.
Wir entspringen aus dem ewig währenden Geist,
der von Anbeginn der Zeit die Welten bereist.
Er kreist,
er zirkuliert in unserem Atem.
Durch die Kluft der Luft spricht er.

Durch unsere Gedanken, Worte und Träume spricht er.
Bricht er die gedankenerfüllte Schwere in der Tat.
Spricht durch des Wortes Klinge, denn der Gedanke ist seine Saat.
Formt aus jedem Wort ein Schwert, dessen Wert ein jeder begehrt.
Verehrt das Leben und den Tod und verlangt bedingungslose Treue.

Der große Geist des Atems kennt kein Ende.
Seine Essenz dringt durch Wände.
Sie spiegelt sich in der Tatkraft unserer Hände.

Der große Geist des Atems kennt kein Urteil.
Wie ein Seher durchdringt er die Existenz.
Benenns zwischen Leben und Tod
gibt er das tägliche Brot.

13.Emotionale Matrix

Das Innenleben und der Draht zum Außen
ist es nicht die Blüte und die Reife, welche wir anstreben.
Bewegen uns in den emotionalen Facetten des Regenbogen.
Der Boden unter uns,
die Wärme der Erde bildet zu Gleich unser Erbe.
In Glasscherben bricht sich das Licht
und
manch einer glaubt nicht
dass die Scherbe auch schneiden kann.
So zieht die Wut manch einen in ihren Bann.
Kann es sein dass die Glut noch glimmt
während sich das rote Licht dimmt.
So schwimmt das Blut oben auf dem Wasser
und
während sich der Körper leert
sich der Sinn verzehrt.
So lehrt das Leben den Tod hinzunehmen.
So lehrt der Tod das Leben hinzunehmen.
Aufopfernd hingegeben um eine Ordnung zu bewahren.
Immer noch geht es vielen um die Waren.
Klaren Geistes gebe ich mich hin.
Es bleibt abzuwarten, wie lange ich noch bin.

14.Entscheidungsfreiheit

Führst mich,
berührst mich,
schnürst mir auch Mal die Kehle zu.

Leitest mich,
begleitest mich,
scheiterst auch Mal an mir.

Willenskraft du gibst mir Lebenssaft.
Brichst dich auch Mal am Verstand.
Zieht der Geist durchs ganze Land
reichst du ihm die Hand.

Entscheidung stehst an einer Abzweigung.
Parallele Zeitstränge verlaufen an dir entlang.
Höre den Gesang asynchroner Universen.
Empört, verstört von der Abstraktion der Welten
hilft mir die Willenskraft, mit der meine Regeln gelten.

15.Persönlichkeitsschichten

So lange geformt durch die Gezeiten des Lebens und des Todes.
Fast schon genormt in gesellschaftskonformen Zügen.
Wie oft wollt ihr euch noch belügen.
Wie lange willst du dich noch belügen.
Es könnten uns Flügel wachsen.
Doch scheinbar wollen wir an den Lügen vergangener Zeiten festhalten.
Spalten, verkrustetes abspalten.
Das trockene Blut von unseren Wunden wischen.
Keiner will mehr die alten Lügen auftischen.
Schicht für Schicht hin zum Licht,
welches die Dunkelheit durchdringt und verdrängt.
Der innere Kern so hell er auch scheint
es weiß ein Jeder, dass dort ein Schwarzes Loch sitzt verborgen in einem Schrein.

16.Motive

Menschen und deren Motive,
sie benötigen diese wie Kohle eine Lokomotive.
Ohne Motiv ohne Beweggrund
gelangt das Wort nicht aus dem Mund.
Ohne diese Wurzeln des Tuns und der Aktion
wird keine Verse Wund.
Wunderlich ist, dass diese Wurzeln meistens liegen im Untergrund.
Der Bund zwischen Erde, Wurzel und dem Geschöpf des auf Anhieb Sichtbaren,
waren einst getrennt.
So wie die Asche nach der Glut nicht mehr brennt,
dominiert ohne diesen Bund die Stille und der Tod.

17.Zukunft (Aus den entferntesten Welten)

Egal wohin du gehst und wohin du blickst,
du weißt, dass du immer die Liebe schickst.
Egal wie sehr du hasst,
du weißt, dass zwischen Leben und Tod
der Hass verblasst.

Wenn es dich dürstet nach Meer
und der Schmerz und die Trauer durch deine Tränen fließt
dann sei dir sicher.
Dieser Tod ist überwunden und die Tristesse der Wüste füllt sich durch das Blut deiner Wunden
in Sekunden mit herrlichen Geschöpfen aus den entferntesten Welten.
So dass nur meine Regeln gelten.

Davon gegangen, verdunstet und gestorben.
Aus dem Salz meiner eigenen Tränen wiedergeboren.

Fata Morgana, in das Nirvana gezogen.
Die Wahrheit gesucht und nur selbst belogen.
Die Wüste getränkt,
ihr Leben geschenkt.
Aufgehängt am eigenen Denken.
Schriftstücke sollten mich lenken.

Allein bin ich meines Weges gegangen.
Der Schein meines Selbst war eine Täuschung.
Ich-Auflösung und Berauschung,
Scheine und Münzen,
Dokumente,
die hinter all dem stehen.
Konnte ich schon immer die Zukunft sehen, gestalten und verwalten...

18. In Ketten gelegt

Vergangenheit und Erinnerung
abhängig von Ort und Zeit.
Abhängigkeit und Relativierung
in Ketten gelegt
um den Hals geschlungen.

Pfleg die verwelkten Blätter.
Wetter liegst im Gemüt.
Blüht ein neues Blatt
wird der Geist nicht satt.
Musst tragen die Linie.
Eine Mine muss her
um das Wissen zu verdrängen.
Voll ist der Geist
und es muss fließen,
was in der Natur ist schon längst am Sprießen.
Gießen Situationen in das Bewusstsein
entsteht aufs Neue ein Keim.
Nicht allein sondern verkettet
mit den anderen in das große Ganze eingebettet.

19.Das Jüngste Gericht

Die Zeit,
die Uhr,
jegliche Bewegung,
jegliche Regung des Herzens,
jeder Akt des Schmerzens,
Nichts war vergebens
und doch gibt es eine Essenz jeden Lebens.

Die Zeit wie Sie fließt,
sich durch das Bewusstsein gießt.

Die Schmerzen wie sie mit euch scherzen.
Tragt euer Urteil mit im Herzen.
Brennt und lodert wie Kerzen
doch meint ihr würdet einen Unterschied kennen.
Die eine wie die andere kann nur brennen.
Wollt Alles beim Namen benennen.

Ein Urteil nach dem anderen fällt Ihr unter Euch.
Das anmaßende Gesicht des Urteils ist eure Seuch.

Kerzen verbreiten Licht.
Es gibt auch welche,
die scheinen sich von Angesicht zu Angesicht.

Verzicht,
Schicht für Schicht
lodert und brennt Ihr im Wind.
Unschuldig wie ein Kind und offen für die Welt
oder
ungeduldig und blind und hoffen, dass das Gesicht zusammenhält.

Kälte der Gewalt,
die das blinde Urteil gestaltet.
Darin gefangene Seelen,
die der Teufel verwaltet.
Maschinenwelten von Dämonen geschalten.

Höher liegende Dimensionen verbreiten Licht.
Es gibt auch welche,
die scheinen sich von Angesicht zu Angesicht.

20.Immer da

Hast dich oft versteckt.
Im Schatten hast du die Sonne verdeckt.
Du warst Mal mein liebes Gegenstück
und
Mal hast du mich als Feind in den Wahnsinn gerückt.

Du warst immer da.
Dein Anblick sonnenklar.

Du warst immer existent.
Reichst mir deine Hände.

So wendet sich das Blatt nicht selten.
In unserem Spiel tun nicht selten
plötzlich andere Regeln gelten.

Die hässliche Fratze eines Dämons
schätze ich mittlerweile ebenso.
Wo du bist, können die Engel nicht weit sein.

Treibst mir einen Keil zwischen die Rippen.
Springe unbedacht von den höchsten Klippen.

Du warst immer da.
Dein Anblick sonnenklar.

Du warst immer existent
selbst im bitteren End.

Saugst mir das Blut aus dem Leib.
Tauchst in das Meer der Unendlichkeit.

Stellst mich bloß
und lässt mich davon schreiten.
Streitigkeiten, deren Essenz
der Schmerz in sich trägt.

Du warst immer da.
Dein Anblick sonnenklar.

Du warst immer existent.
Kennt die Blüte der Natur ihre Giftigkeit
ist der Weg in himmlische Gefilde nicht weit.

Du warst immer da selbst als Blütenpaar
in deinem Haar.

20.Immer da

Scharen von Schmetterlingen
können das zukünftige Wetter bringen.

Du warst immer bei mir
und hast oft meine Knochen zerlegt.
Du hast mich eingeäschert
nur dass der Wind meine Reste verweht.

Das Blut und die Organe hast du zurückgelassen
damit zukünftige Generationen etwas finden in ihren Kassen.

Geld kann man verprassen
doch Geld isst nicht Alles
aber
ohne Geld isst Alles Nichts.

Du warst immer existent
auch wenn
nach der Glut die Asche nicht mehr brennt.

[Stefan Goschler, Immer da, 28.05.2021].

21.Das Netz des Bewusstseins

Wer der Weber ist, ist nicht ganz klar,
denn die Impulse sind nicht aus einer Hand.
So hinterlassen Wellen Spuren am Strand.

Das Wasser fließt und passt sich an.

Das Gefäß Anfangs so rein
doch füllst du Wasser hinein
und wirfst du einen Stein
wirst du sehen,
es gibt einen Rand.

Der Klang, der nach außen drängt
und die Resonanz,
die deinen Horizont erweitert,
macht dir und mir klar,
dass auf diesem Weg niemand scheitert.

[Stefan Goschler, Das Netz des Bewusstseins, 27.09.2011].

22.Die Liebe

Es ist immer dieselbe Liebe.
Manch Mal verkleidet im Hass
zeigt sie sich nur durch Hiebe.

Es ist immer dieselbe Liebe,
versteckt sich im Schmerz
und berührt auch so das Herz.

Es ist immer dieselbe Liebe.
Sie sieht nur anders aus.
Sie versteckt sich wie ein Regenbogen
hinter der Farbenpracht der Emotionen.

Es ist immer dieselbe Liebe.
Sie versteckt sich so lange durch Hiebe
bis man weiß über die Schmerzen zu scherzen.

Liebe sieht nur manchmal anders aus,
bleicht dennoch niemals aus.
Die Farbenpracht des Regenbogens
liegt ihr zu Grunde.
Sie scheint wie das Licht
selbst durch jede Wunde.

[Stefan Goschler, Die Liebe].

23.Gib mir dein Herz

Du siehst mich hinter all den Facetten.
Willst mich zu Tode betten.

Liege schon im Schacht,
aus dem sich das Feuer entfacht.

Liebe bleib bei mir.
Liebe bleib bei dir.

Siehst mich hinter all den Farben,
den Gaben der Sonne.
So scheint es so hell in deiner Brust.
Pocht und pulsiert das kleine Herz.
Nimm mir den Schmerz und gib mir dein Herz.

Es blutet,
es glimmt,
es stimmt sich auf mich ein.

Will trotzdem allein sein
mit deinem Herz,
dem Sonnenschein.

Aus der Brust gerissen und darauf herumgebissen.
Blut verschmiert das ganze Angesicht.

Alles ist nun rot.
Nicht nur im Abendrot füllt sich der Himmel mit Blut
selbst das Himmelsblau macht sich schlau.

Mein Blut hab ich gespendet,
dass sich nun endlich das Blatt dieser Welt wendet.

Das Blut der Erde ist geflossen.
Habt ihr euer Blut denn schon vergossen...

[Stefan Goschler, Gib mir dein Herz, 16.01.2020].

24. Typisch Mensch

Viele Typen von Menschen
leben nebeneinander, miteinander oder aneinander vorbei.
Verzeih mir die Frage was typisch Mensch sei,
denn eine einheitliche Antwort erschafft nur Einheitsbrei.
Es ist einerlei welche Antwort du findest
solange du als Mensch nicht an Lügen erblindest.
So betrachten wir als Menschen unsere Fragen und deren Antwort
aus verschiedenen Perspektiven
und unterschiedlichem Licht.
Wir erschaffen unser Abbild und üben uns im Verzicht.
Licht hat verschiedene Frequenzen und bricht sich.
Wir sehen in uns Gottes Reich und zugleich
Satans Existenz, deren Grenzgebiet sich spiegelt.
Der Mensch schafft neue Welten,
in denen seine Regeln gelten sollen
nur bedenkt er nicht dabei,
dass er nicht alles kontrollieren kann
in seinem Größenwahn.
Er reist im immerwährenden Moment
in die Vergangenheit und projiziert seine Visionen
in die Zukunft.
Er sucht so oft eine Zuflucht.
Die Sucht nach Neuem
tut er nicht selten bei der Ankunft bereuen.
Er steht im Scheinwerferlicht der Existenz
und vergisst nicht selten, dass der Kegel des Scheinwerferlichts
birgt in sich eine Grenz.
So tritt er ständig aufs Neue hinaus in das Theater.
Manch Mal im Dunkeln in den Augen Gottes Vater.

25.Parallelwelten (Lebenslinie)

Die Wege,
die Kreuzungen,
die Kurven,
Tiefen und Untiefen,
mein gesamtes Wesen feingeschliffen
wie ein Diamant, der das Licht streut.
Bereut, dass er Nichts scheut.
Im Feuer der Hölle gebrannt.
Über so viele Brücken gerannt.
Gesprungen und meinen eigenen Körper und Geist
niedergerungen, gezwungen zu verharren.

Eine Kreuzung, Abzweigung genommen.
Wie kann die Fratze des Todes die Erlösung sein…?
Wie kann die Wiedergeburt des Lebens die Verdammung sein…?

Kein Keim sprießt von allein.
Kein Planet hat einen einsamen Schein.
Der Plan kennt kein Ende.
Er verzweigt sich zwischen Quanten und Frequenzen.
Er reist durch Wände.
Zeigt sich nicht selten durch Hände.
Lebenslinie, die sich verzweigt.
Ist der Mensch für einen hypomanischen Server bereit.
Frequenzen, die sich überlagern.
Ist der Mensch nicht mehr als Fleisch und Blut?
Geister über viele Welten hinweg.
Das Leben ist nur ein ewig langer Steg,
der in das Meer der Möglichkeiten führt,
es nicht selten berührt.

26.Mehr Schein als Sein

Wurde geboren in Bedrängnis,
kannte als Kind keinerlei Gefängnis.

Gedanken waren frei.
Bedenken gab es keinerlei.

Doch geschult um was zu werden,
sah ich mich schon früh sterben.

Von einem gesellschaftlichen Parasiten bewohnt,
musste ich erkennen,
dass dieser Weg sich nicht zu gehen lohnt.

Im Geiste toben keine Wehen
doch der Druck etwas zu werden
lässt viele Scherben auf dem Weg zurück.

Du wolltest werden immer zu werden,
doch das Werden setzt dem Sein ein Ende
also fandest du das Nichts,
aus dem du geboren bist.

So viele Scherben liegen auf dem Weg
und so viele Sterbende pflastern unseren Weg.
Auf dem Steg in die Endlosigkeit
ist jeder Schritt ein Schritt in die Zukunft
doch die Zuflucht besteht nicht auf dem Weg
der hinter uns liegt,
auch nicht auf dem, der vor uns liegt.
Sie geht mit jedem Schritt mit.
Jede Bewegung läuft im Fluss der Zeit mit.

So viele Scherben,
so viele,
die Zeit ihres Lebens immer wieder sterben,
weil Sie werden wollen, was Sie noch nicht sind
anstatt zu sein wie ein unschuldiges Kind.

Ich fand mich wieder
in den Irrwegen meines Verstands.
Habe erkannt, dass man nicht mehr werden kann
als das was man schon ist.
Du setzt dem Leben nur eine Frist,
in dem du mehr werden willst als du bist.
Habe aufgehört zu werden,
denn das ist nichts anderes als die Sinnlichkeit zu sterben.

26.Mehr Schein als Sein

Sind wir Menschen oder nicht?

Wenn du ein Mensch bist, dann schau dem Elend ins Gesicht.
Es ist unsere Pflicht uns selbst zu erkennen.
Nicht um uns auf irgendeinem Blatt Papier wieder zu erkennen,
uns vom Menschen in einen Politiker oder Doktor umzubenennen,
weil die Achtsamkeit dem Machthunger gewichen ist.
Sondern um zu sehen was uns allen zu Grunde liegt,
denn der menschliche Geist ist eine Einheit.
Es entsteht nur ein Streit in der Trennung,
in der Abstraktion der Realität,
in dem was auf den bedruckten Geldern steht.

Mehr Schein als Sein ist das der Keim unserer Gesellschaft?
Es klafft ein tiefer Schafft zwischen Realität und Abstraktion.

Das Nichts, gedankenlose Schwerelosigkeit,
ein Herzschlag, kein Streit, und kein Konflikt,
nur ein zeitloser Rhythmus und du gehst mit dem Herzen mit.

[Stefan Goschler, Mehr Schein als Sein].

27.Regenbogen über dem Land

Gehe furchtlos in den Kampf.
Gehe stolz mit erhobenem Haupt durch den Regen.
Wage zu tanzen,
selbst wenn alle schlecht über dich reden.
Flüchte nicht vor einem Jäger,
denn du bist der Seelenträger.
Blicke hinter die Sonne und ihr Licht.
Wenn es sein muss, übe dich im Verzicht.
Schicht für Schicht erlöst du dich
in einem Gedicht des Kaleidoskop,
dem Farbspiel der Wörter,
erkundest du neue Orte.
Kaleidoskop der Möglichkeiten,
Summe aller Möglichkeiten,
schillerst wie ein Brillant,
ein Regenbogen zieht durchs ganze Land.
Zu tanzen im Regen ist keine Schand.

[Stefan Goschler, Regenbogen über dem Land, 06.08.2019].

28.Morgentau

Wenn des Mondes Schein
im abendlichen Blau glimmt,
ein laues Gefühl mich mit nimmt,
davon trägt,
sich erhebt und wieder schwindet,
eine Reise durch die Gefilde meines Seins,
durch die Essenz meines Scheins,
dann weiß Ich im innersten Kern
bin ich keiner Frau und keinem Mann wirklich fern.

Wenn die Sonne über den Bergkämmen emporsteigt,
im Morgengrau, im Morgentau,
begleitet von einer lauen Brise
über einer in grün getauften Wiese,
leise die Graswipfel aneinander reiben,
so manch einen Grashüpfer aus seinem Versteck vertreiben,
dann verwischt sich die Morgenröte mit dem Himmelsblau
und eines jeden Herzenskälte wärmt sich im Morgengrau.

[Stefan Goschler, Morgentau, 02.04.2012].

29.Sonnenblume

Durch die Sonne sind wir vereint
unter dem Himmel,
wenn Sie auf uns herabscheint.

Durch das Licht streben wir von Geburt an
dem Himmel entgegen
auch wenn raue Winde wehen.

Wir wachsen über uns hinaus
denn des Lebens Wunder
macht uns munter.

Durch Tag und Nacht wurde
die Essenz unserer Seele entfacht.

So achte bitte unsere Natur
denn Sie lachte und lacht immer nur.

[Stefan Goschler, Sonnenblume, 06.08.2011].

30.Engelstrompete (Brugmansia)

Endlose Weiten,
Einsamkeit und Zerrissenheit,
eine seltsame Last,
man könnte fast schon sagen Schwere,
Leere in einem Streit,
all das führte mich zu Dir.
Du hast mir die Augen geöffnet.

Ich habe dich gesehen
in so vielen Gestalten
und in deiner charakteristischen Form.

So viele Perspektiven von Dir
zügelten mich und meinen Zorn,
der wie ein Dorn
im Auge
mich blind machte.

Deine Güte lernte ich kennen.
Hüte dein Licht in meiner Mitte.
Du bist bei Mir, zählst meine Schritte.

Oh, allmächtiger Schöpfergeist,
der uns alle bereist,
unseren Geist in die Unendlichkeit begleitet,
immer mit uns schreitet
und unser Bewusstsein weitet.
Ich danke Dir.
Ich liebe durch dich und mit Dir.

Es sei unser Dank und unsere Liebe,
unsere Geduld und unsere Güte,
die uns vereinen im Lichten Schein.

Brugmansia

Im Garten verschiedener Arten von Engelstrompeten
finde ich mich wieder.
Buntes Gefieder kleidet alle Blätter ein.
Es macht den Anschein als würden sich durch das Gefieder
Augen drücken, die mich auf Schritt und Tritt verfolgen.
Es hat Folgen, dass ich betrat diesen Lebenspfad.
Alles schlingt sich um mich in bunter Gestaltungslust.
Der Puls pocht schon über dem Hals.
Der Schall aus meiner Inneren Frequenz
gestaltet nun die Umwelt.
Die Trompetenblüten spielen ihr verführerisches Lied.
An meinem Augenlid klammert sich ein Dämon,
der mir die Augen aufreißt und kurze Zeit später meine Seele bereist.
Bewohnt er nun diesen sonst so reinen Ort,
führen die Engel ihn fort in die Gefilde des endlosen Seins.
Schicht für Schicht durchqueren Sie nun nicht nur dieses Gedicht
sondern auch das Licht meiner Augen.
Visionen klonen die Realität, die schon lange nicht mehr besteht,
denn sie hat sich wirklich verwirklicht.
Man sieht sie unter einem völlig anderem Licht.
Dichter werden die Gewächse um mich herum
und entfalten ihren betörenden Duft.
Schaffe uns etwas Wasser herbei du Schuft.
So spricht eine riesige Wanze aus dem Kelch einer Blüte heraus
oder war es doch eine Laus?
Tanz mit mir um die Gier nach Wasser
sonst werden die Farben deiner Visionen wieder blas.
Renne ans nächste Fass und mache alles nass.
Suche immer diese Suche… Fluche in mich hinein.
Dort wo der Dämon versucht zu klauen den Heiligenschein,
denn der ist mit dem Engel allein.

[Stefan Goschler, Brugmansia, 25.06.2021)].

31.Das Farbspektrum unserer Herzen

Lass die Sonne in uns scheinen.
Wir können uns unter ihr vereinen.
Tief in unseren Herzen spüren wir diesen kosmischen Puls.
Wir sind wie lodernde Kerzen, deren Docht getränkt ist in Inspiration.
Äußere Strukturen und Systeme werden unter unserem Licht transformiert.
Wir sind die Jenigen, die ihre Sicht und Projektion in die Außenwelt werfen.
Das Farbspektrum unserer Herzen wird jegliche Schmerzen ausmerzen.
Wir sind im Puls des Kosmos miteinander vereint.
Scheint die Sonne über uns
oder sind wir die Sonne, die scheint?
Das ist die Frage des Seins.
Wir sind die Sonne,
die scheint und unsere Kultur keimt unter dem Farbspektrum unserer Lichter.

32.Der Hauch seiner Essenz

Der Wind weht durch das Blattgefüge.
Es löst sich eine Lüge.
Blätter fallen herab.
Im Geist wird der Raum knapp.
Das Gefüge der Lüge fängt an zu verrotten.
Eine neue Instanz entsteht aus dem Toten.
Aus der zerfallenden Struktur im Geist
entsteht ein neuer Trieb.
Aus all dem was ich schrieb,
schiebt sich eine neue Kulisse vor das Theater.
Des Bewusstseins Schöpfer
arbeitet auch Mal als Töpfer,
um aus seinen toten Gebeinen und Reimen
Gestalten mit dem Hauch seiner Essenz zu versehen.
Sehen kannst du ihn nicht,
nur spüren und
in seiner abstrakten Daseinsform berühren.
So ist der Wind nicht sichtbar
auch wenn er uns alle trägt.
Prägt das Leben im Geben und im Nehmen.
So wird er erst deutlich,
wenn er schwindet und
sich nicht mehr an den Körper bindet.

33.Zwischen Gedanken, Traum und Telepathie

Bleib hier Geist,
drifte nicht schon wieder fort.
Bist so flüchtig,
süchtig nach dem Meer an Möglichkeiten.
Tüchtig tust du so gut wie jeden Weg beschreiten.

Kannst nicht überall sein.
Musst in meinen Körper auch Mal rein.

Ich weiß du sehnst dich nach der Weltenseele.
Tust mich auf deinen Reisen quälen.
Lässt mich zurück und nimmst mich doch mit
in den endlosen Raum,
den nie enden wollenden Traum,
in Gedankenwelten,
die auf einmal auch bei mir gelten.

Löst mich auf und lässt mich zwischen Gott und Satan
mit Engeln und Dämonen sprechen.
Wenn es nach dir ginge, würde ich mir alle Knochen brechen.
Um mich am Tod zu rächen?
Geliebte Menschen kann ich hören.
Sollten Sie mich stören oder betören?

Ein Geist, der reist
und ein Dämon,
der mich in Stücke beißt, zerreißt, zerfleischt
und mich mein eigenes Fleisch fressen lassen will.
In meinem eigenen Blut aufgewacht.
Zerschlagen und zertrümmert waren die Knochen.
Der Geist hat sich bedankt.
Streicht eure Häuser mit meinem Blut.
Es tut euch bestimmt gut.

34.Phoenix

Dein Federkleid aus Sternenstaub.
Dein Nest in den Tiefen des Äthers gebaut.
Fest verankert bist du nicht in dieser Welt.
So stört dich weder Hitze noch Kält.
Stehst aus der Asche auf und aus dem Atem,
wenn ich schnauf.
Fliegst und liebst die Reisen
zwischen Leben und Tod
und der Sog der Leere ist dein Antrieb.
Mit jedem Flügelschlag versorgst du die Welt
mit den Essenzen, welche Sie zusammenhält.
Schälst dich aus dem Feuer und der Asche.
Quälst dich aus jeder Lasche und jedem Strick
um wieder aufzustehen im Blick
der Zeitfenster, des immerwährenden Moments,
denn auch nach dem Winter kommt irgendwann der Lenz.

[Stefan Goschler, Phoenix, 21.04.2021].

35.Im Angesicht der Natur

Berührst mich ganz.
Berührst mich mit deinem Glanz,
der die gesamte Existenz umhüllt
und bis ins Mark erschüttert.
Bist so unschuldig
und doch reichen deine Wurzeln
bis an den Ursprung eines jeden Wesen.
Kennst keine Grenzen auf den Reisen deiner Evolution.
So erschaffst du Schönheit und Verbundenheit,
selbst wenn der Winter noch so karg ist und es schneit.
Im Angesicht der Natur wird jede noch so kleine Einheit
sich entfalten manch Mal auch spalten
doch bleibt alles ein Verbund
zwischen den alten und den jungen Gestalten.
So schau ich dich an und
du schaust mich an.
Die Wurzeln der Natur haben wir gemeinsam.
So ist niemand jemals einsam.

[Stefan Goschler, Im Angesicht der Natur, 11.03.2021].

36.Hintergrundrauschen

Sitze hier in aller Stille.
Willenlos und doch gebunden.
In Mutters Schoß eingebettet.
Was mich noch an das Leben kettet
liegt im Rauschen der Blätter verborgen,
denn heute umgehe ich alle Sorgen.
Ist so schön warm auf der Erde.
Mutters Schoß so dunkel und doch hell.
Sterbe immer wieder und steh doch wieder auf.
So schau ich zu den Sternen hinauf.
Wo Klänge in der Dunkelheit kreisen,
werde ich hinreisen.
In Kreisen gebunden umklammern sie die Wunden
ihrer eigenen Gravitation.
Nehm sie war in ihrem Rauschen
wie die anderen Entitäten.
Sie können lauschen.
So hören wir einander
und
betören einander.
Stehe dazwischen,
sehe inzwischen
wie die Schlangen sich winden
und dabei zischen.
So schlängelt sich die Schlange in meinen Körper.
Wörter fehlen nun.
Sie windet sich,
findet sich in mir wieder
im Klang meiner Energie auf verschiedenen Ebenen.
So waren doch die Sterne die Gebenden.
Zieht durch den Rücken,
flieht vor Entzücken durch den Kanal
von Mutters Schoß zu den Sternen hinauf.
Drauf und dran hör ich den Gesang,
den Klang der gesamten Existenz.
Lang musst ich warten
bis ich trotz der Schlange
wieder zurück konnte in den paradiesischen Garten.
Alle Arten warten dort auf mich
und ich höre wieder das Gekreisch der Vögel
und der Schlangen Gezisch.
Mich gibt es ohne diese Artenvielfalt nicht.

[Stefan Goschler, Hintergrundrauschen, 23.06.2021].

37.Stimmen schwingen

Stimmen schwingen tief in mir drinnen,
überbrücken Welten zwischen Klang und Raum,
finden sich in jedem Traum.

Kaum gelangt das Bewusstsein in den Traum
bildet sich Schaum im Geist,
denn er weiß das er reist.
Entgleist das Gesicht und die einsame Maske,
so steigen die Facetten des Seins in die Schichten.
Hinter dem Licht findet sich ein weiteres Gesicht.
Eine weitere Maske versteckt hinter dem Namensraum seines Selbst.

So blickst du in die Welt schon seit Anbeginn der Zeit
zwischen dem Saft, dem Blut und den Gedärmen im Mutterleib.
Es riecht nach Blut.
Es riecht so gut zwischen der Zwillingsbrut.
Gedärme umringen die Arme,
Eingeweide umkleiden den Leib.
Zwischen Säure und Fruchtwasser des ewigwährenden Leibes
befindet sich der Streit
und die edle Mutter versteckt ihren wohlgeformten Körper
hinter einem prächtigen Kleid.

So ist es nicht selten das auf dieser Ebene andere Regeln gelten
und das weibliche Fleisch mit innerlichem Gekreisch
von einer Lanz durchdrungen wird
als ob ein Parasit sucht seinen Wirt.

Die Lanze ist oft zu stumpf
so brechen die Wellen am Bug
und das Wasser umkleidet den Rumpf.

38.Jenseits von Gut und Böse

Gedanken schwanken,
bilden Schranken,
führen dich auch Mal hinters Licht.

Schicht für Schicht bildet sich eine Kruste
von dem was Ich angeblich wusste.

Doch Ich weiß Nichts.
Die Lösung des Verzichts,
sich mit seinen Gedanken zu identifizieren.

Sie sind wie Sie sind Mal Gut und Mal Böse.
Entblöße dein Ego als Illusion.
Beobachte es als stummer Zeuge
und du wirst sehen wir sind nicht mehr als das Ion.

Pure Energie, die sich endlos entfaltet.
Jegliche Kruste des Egos sich aufspaltet,
denn Sie ist veraltet und überflüssig.

Lass den Fluss der Energie zu.
Du bist nicht der von dem du denkst das du es bist.
Merkst du wie du dich beschränkst, wenn du denkst.

Blicke nach innen und du wirst bemerken,
dass alles was du siehst kommt aus deinen Sinnen,
aus deinem beschränkten Geist.
Verweist und allein,
kümmerst du dich nur um die toten Gebeine,
die Reproduktion der Vergangenheit,
wenn das Ego schreit wie ein kleines Kind
das noch fast blind nach seiner Mutter sucht.

In der Einheit, wenn Du und Ich miteinander verschmelzen,
im Tanz jenseits von Dualität,
wo Gut und Böse nicht besteht
dort steht uns das Ego nicht mehr im Weg.

[Stefan Goschler, Jenseits von Gut und Böse, 29.07.2014].

39.Zwischen InFormatIonen und Virus

Energie, die sich ausbreitet.
Der Blick in die Ferne sich weitet.
Schick dir gerne etwas, das sich ableitet.
Es leitet sich ab von der Information,
die tief in dir drinnen wohnt.
Lohnt es sich den Wert anzuerkennen,
wenn die Zellen brennen.
Eine Delle in der Zelle
lässt neue Informationen zu,
denn der Virus hat eine Form von Bewusstsein.
Er keimt nicht allein, sondern lässt einen Geist
in das System oder den Organismus hinein.
Schein für Schein wird gezählt,
wenn sich die Transformation der Information
durch das System quält.
So schält er unser aller Existenz herunter,
wenn das System wählt
und sich mit neuen Informationen beseelt.
Schält sich das System
so ist das nicht bequem.
Es lähmt das Leben
doch beschleunigt die Entwicklung.
Wenn der Strang des Lebens sein gesamtes Potenzial offenbart, wird klar,
das Leben spielt nicht Dart, selbst dann nicht,
wenn Gott murmelt sich in den Bart.

40.Das ist es doch nicht wert

Gesänge, Stimmen und Klänge tragen mich,
verklagen mich,
heben mich hinauf zu den Sternen,
geben mich auf,
tragen mich zu den Wehen
der Sonne entgegen.

Gesänge, Stimmen und Klänge tragen mich,
verklagen mich,
leben durch mich erst auf,
geben sich auf,
tragen mich an den Rand des Denkbaren
dem Zentrum entgegen ins Vakuum.

Gesänge, Stimmen und Klänge wagen sich
ein Urteil zu bilden,
schildern, erklären und begehren
einen Geist, der gerne reist.
Gesänge und Klänge,
die Wände,
die Sie niederreißen,
geben Raum frei.

Stimmen so laut und eindringlich,
schwingen durch das Wesen,
singen nicht im Bösen,
wollen sich nur erlösen.
Die Schwingung reist durch den Raum
wie mein Geist.
Bin nicht mehr allein im Traum.

41.Auch der Tod verdient sein tägliches Brot

Ewige Liebe,
ewiges Licht
geschworen.

Auf der Suche nach Liebe und Wahrheit
stinkende und vermodernde Lügen gefunden.
Das Chaos projizierende Prinzip folgt dem Schatten.

Das Herz gebrochen und rausgerissen.
Den Schwur gebrochen, um alle wissen zu lassen.
Der Hass kann alles verblassen lassen.

Ewiges Licht gibt es nicht,
denn auch der Tod verdient sein tägliches Brot.

Ewige Liebe kann nicht bestehen,
wenn die Lügen nicht aufrecht stehen.

Es zirkuliert bis zum Ende
und dann sag dem Tod…
Es gibt eine Wende…

42.Hinter dem Stacheldraht

Abgrenzung und Ausgrenzung im grundlosen Land.
Das Pfand liegt auf der Hand
und
doch ist es wertlos.
Wer erschafft den Wert
wenn ein jeder nur sich selbst begehrt?
Kehrt man der Sonne den Rücken zu,
fällt der Schatten nach vorn selbst über die Schuh.

Das Pfand liegt auf der Hand
und
doch trägt man mit sich die Schand
eines ungeborenen Land,
dessen Wert in der Seele wohnt
und in dem sich jede gute Tat lohnt.
Denn gute Taten,
die ungeboren sind, verweht einfach so der Wind.

Jenseits des Stacheldrahts unserer Herzen
sich die Liebenden vereinen
und die Seelen sich reinigen
von der toten Schlacke vergangener Schuld.
Die Natur hat mit uns Menschen Geduld.

Der Stacheldraht wird dennoch nicht weichen
solange wir den Groll und den Hass nicht ausbleichen.
Hinter dem Zaun wächst voller Pracht ein paradiesischer Garten
mit allen Arten und im Zentrum steht der Weltenbaum,
der sich von den Wurzeln aus erstreckt in jeden Traum.

[Stefan Goschler, Hinter dem Stacheldraht, 21.06.2021].

43. Kometen küssen die Sterne

Ich zehr mich auf
und
geb mich auf,
lauf in den Tod hinein
und
gebe mich auf,
bevor ich dir etwas zu Leide tu
meine geliebte Spiegelseele
setz ich mich lieber zur Ruh.

So nehme ich die Leiden in Kauf
und
blicke nach oben in den rot gefärbten Himmel,
der sich mit dem Blau im Streit um die Vormacht
am Horizont
genau wie ich
mit dem dämmernden Licht verzehrt,
weil das eine nun Mal das andere begehrt.

So muss die feurig rote Wut weiter vor sich hin bluten,
denn die Bösen gäbe es nicht ohne die Guten.
Das kühle Blau, das dem Meer gleicht,
somit die feurige Hitze etwas ausbleicht.

Das Innere Kind scheint dieses Farbspiel zu mögen.
Bei den Erwachsenen überspannen sich so leicht die Bögen.
Sei wie du bist.
Es müssen dich nicht Alle mögen.
So küssen in der Ferne Kometen die Sterne.
Gerne schaue ich in die Nacht
und
auch tief in mich hinein,
denn ich weiß
entweder
es gibt andere Formen von Leben
oder
wir sind allein.

44.Krieg auf Informationsebene

Wo Daten entstehen und noch keine Bedeutung haben,
gibt es eine Transformationsschicht, die hin zur Information führt.
Die Interpretation von Information hat das Potenzial Realität und Wirklichkeit
komplett neu zu definieren.
An dem Punkt der Zeitlosigkeit,
in einer Ebene zwischen Raum und Zeit,
kann das Leben alle möglichen Szenarien parallel simulieren,
wie wenn es Paralleluniversen gäbe.
Von der Information hin zum Wissen ist eine relative Zeitebene im Spiel.
Wenn das ganze Konstrukt einem ständigen Transformationsprozess zu Grunde liegt,
ist die logische Konsequenz, dass all unsere Annahmen, Selbstbilder, Wissensstände,
Forschungsergebnisse, Glaubensansätze in der Wirklichkeit nicht dauerhaft Bestand haben können,
sondern sich rekursiv selbst zerlegen
und neu zusammensetzen zwischen den fraktalen Dimensionen des Seins.

[Stefan Goschler, Krieg auf Informationsebene, 19.02.2019].

45.Die Null und die Eins

Die Null zusammengezogen als Punkt und ausgedehnt als Begrenzung eines Raums.
Der Pfeil zusammengezogen als Punkt, der richtungsorientiert ist
und sich über Ausdehnung in eine bestimmte Richtung begibt.
Die Eins in Kombination mit der kreisrunden Form der Null ermöglicht eine Drehung im Raum.
Aus diesen so unterschiedlichen Zuständen können sowohl Wellenbewegungen resultieren
als auch die Teilchen des Lichts.
Es können so gut wie alle Zustände in einem Computer
wie auch in der realen Welt auf diese zwei Symbole zurückgeführt werden.
Aus oder Ein oder 0 und 1 sind die essenziellen Quellen einer so scheinbar komplizierten Welt.
Ein Quantenrechner nutzt die Eigenschaften der schier unendlichen Möglichkeiten in der Rotation
in einem Kreis den sogenannten Spin.
In dieser Quantenwelt gibt es unendlich viele Möglichkeiten.
Wenn ein Kreis 360 Grad hat und diese verschiedenen Variationen nur auf vertikaler und horizontaler
Ebene genutzt werden, dann kann man verstehen,
wieso es Paralleluniversen geben müsste und dass sowohl ein An als auch ein Aus gültig sein kann.
Es gibt auch in der Welt der Quanten synchrone und asynchrone Zeitlinien.
Man könnte sich das vorstellen wie ein Raum,
der sich entfaltet und dabei alle Möglichkeiten durchspielt,
wie er sich entfalten und gestalten kann.
Für jede Version des Raums gibt es eine Welt, die existiert.
Wenn sich ein Quantenfeld ausbreitet vom Nullpunkt aus, dann entsteht ein Raum oder eine Welt.
Wenn sich ein Quantenfeld zusammenzieht vom ausgedehnten Raum zum Nullpunkt zurück,
vergeht eine Welt.
Hierbei können sich allerdings Überlagerungen bilden.
Das Symbol hierfür ist die Sonne, die strahlt und auf der anderen Seite das Schwarze Loch,
welches selbst das Licht verschlingt.
Die Null kommt aus dem Zentrum durch die Eins also den zielgerichteten Pfeil,
der schwingt wie das Licht oder die Eins fließt in die Null.

[Stefan Goschler, Die Null und die Eins, 13.04.2020].

46.Die Natur von Systemen

Man kann sich auf kein System zu 100 Prozent verlassen.
Es gibt immer Störanfälligkeit.
Selbst das menschliche Bewusstsein in Bezug auf die Erkennung von Realität oder Wirklichkeit
ist anfällig für Fehler oder Trugwahrnehmungen.
Normalerweise verlagert der menschliche Organismus
das abstrakte und surreale Denken in die Traumwelt.
Nach ein paar Tagen Schlaflosigkeit fängt bei den meisten schon die Störanfälligkeit an.
Ob jetzt ein System oder ein Organismus störanfällig wird, macht für mich keinen großen Unterschied,
weil beide Informationen und Daten interpretieren müssen
und dabei kann es zu unerwünschten Ergebnissen kommen.

[Stefan Goschler, Die Natur von Systemen].

47.Was ist ein Gedanke ohne Sprache?

Gedanken sind etwas sehr Immaterielles und doch entscheiden Gedanken über unser Leben.
Man kann Gedanken nicht greifen aber Sie greifen in unser Handeln ein und lassen uns handeln.
Was wäre ein Gedanke ohne Sprache?
Er wäre schlicht und einfach Nichts.
Einfach nur ein Klang in der endlosen Weite des Universums.
Unsere Gefühle und letztendlich unser so physikalisch erscheinender Körper bedienen sich
auch verschiedener Muster also einer Art von Sprache.
Gedanken, Gefühle und Körper sollten eine Einheit darstellen doch sprechen Sie nicht immer
eine gemeinsame Sprache.
Seele, Geist und Körper als Einheit darzustellen ist nicht immer einfach,
wenn schon die Gedanken eine Sprache sprechen, die in positiv und negativ gegliedert ist.
Die Gedanken führen den Denkenden oft Mals an der Nase herum.
Beleuchten verschiedene Aspekte des Lebens in unterschiedlichem Licht ziehen sich dann
aus der Affäre und lassen den Denkenden oder eher dem Erdachten als Schuldigen zurück.
Nicht selten entstehen so Konflikte zwischen Gedanken-, Gefühls- und Körperleben.
Der Gedachte, der vom Gedanken ergriffen wurde, hat nur eine Möglichkeit sich selbst
in eine neutrale Position zu begeben, und zwar indem er erkennt, dass ohne die Interpretation
durch Sprache auch keine Beurteilung der Gedankenwelten möglich wäre.
Es wäre dann so als würde ein Musikstück durch sein Bewusstsein rieseln ohne eine Form
von Text also Sprache.

[Stefan Goschler, Was ist ein Gedanke ohne Sprache?, 11.09.2019].

48.Der Wert der Sprache

Sie beschreibt unsere Realität.
Durch die Sprache sind wir vereint über Grenzen hinweg.
Es ist die Sprache und der Rhythmus,
der uns erzieht seit dem ersten Herzschlag unserer Mutter und unseres eigenen.
Wir kreieren unsere Wirklichkeit aus der Sprache heraus.
Der Klang unserer Herzen formt unser Gefühlsleben und unsere Welt.
Was uns zusammenhält ist der Klang,
denn wir hören zu gern den Gesang.
Es gibt Harmonien und Disharmonien
und seit Beginn unserer Kultur gibt es Rituale und Zeremonien.

[Stefan Goschler, Der Wert der Sprache, 04.08.2019].

49.Paradigma

Religion, Ideologie, Kapitalismus und Wissenschaft,
Christentum, Fundamentalismus und Darwinismus
so stützt sich der menschliche Verstand auf ein tragendes Gerüst,
welches Sicherheit bietet im scheinbaren Dschungel der Ressourcen oder Geldknappheit.
Schreit nach immer mehr Erklärungen und Rechtfertigungen für sein absurdes Verhalten.
Nicht in der Lage die Wirklichkeit zu begreifen, weil sie flüchtig ist und sich wandelt.
Egoistische Züge müssen durch Paradigmen gerechtfertigt werden
so murmelt der Verstand ständig vor sich hin,
manipuliert nicht selten wie ein Parasit den Wirt
und gaukelt ihm vor er müsste sich sein Leben erwirtschaften.
Das Herz in der Mitte, zentral und unschuldig, mit Weisheit gesegnet
beseelt den Menschen, hat die Macht zu führen, Dimensionen zu berühren,
die vor dem Verstand waren und lange nach ihm sich entfalten werden.
Doch wie ein Projektor will der Verstand ein Paradigma in die Welt werfen,
welches ihm als Leinwand der Wirklichkeit dient.
Selbst wenn das Herz schon längst begriffen hat, dass der Film vorbei ist,
meint der Verstand er müsste das Paradigma weiter in die Welt werfen.
Selbst der letzte Zuschauer dieses Theaters wird begreifen,
dass wir durch unsere Herzresonanz, Magnetfeldresonanz
zusammen mit dem Geist der Wirklichkeit
und eingebettet in einen multidimensionalen Kosmos reisen und reifen.

[Stefan Goschler, Paradigma, 23.01.2017].

50.Beziehung zwischen Menschen und Erde

Es gibt verschiedene Bilder,
die der Mensch auf das Verhältnis zwischen Ihm und der Erde projizieren kann.
Manche Menschen halten das Verhältnis für parasitär andere für symbiotisch.
Das Verhältnis zwischen dem Planeten Erde und dem Menschen gleicht eher
der einer durch die Evolution schwangeren Frau, die ihr Kind nur in den seltensten Fällen abtreiben würde
sondern lieber dabei zuschaut, wie ihr Kind sich entwickelt, heranreift und andere Sterne,
wie auch das Weltall bereist.
Sie nimmt die Schmerzen und Strapazen der Schwangerschaft in Kauf in dem Bewusstsein
dass Sie all das im Endeffekt bereichern wird.
Das weibliche Prinzip macht sich an dieser Stelle sehr stark bemerkbar wobei man sagen muss
dass der Entstehung des weiblichen Prinzips ein kosmisches Feuerwerk voraus ging.
Das männliche Prinzip sollte man auch nicht außer Acht lassen.
Die Sonne, die immer scheint und den Planeten Erde immer mit kreativer Energie versorgt
ist wohl am ehesten mit dem männlichen Prinzip vergleichbar.
Sie scheint und schafft Realität durch ihr Licht.
Es würde mich nicht wundern,
wenn diese wechselseitige Beziehung zwischen den verschiedenen Geschlechtszuständen
sich durch den gesamten Kosmos zieht.
Das Maskuline, das Feminine und das Neutrum sind in veränderter Form
auch bei anderen Themen auffindbar.

[Stefan Goschler, Beziehung zwischen Menschen und Erde, 07.08.2019].

51.Das Klima des menschlichen Bewusstseins

Grundsätzlich ist die sogenannte Klimakrise eine Krise des menschlichen Bewusstseins.
Wir Menschen sind die Spezies auf dem Planeten Erde,
die es gelernt hat, sich und ihre Umwelt
im Lauf durch die Evolution zu formen.
Der Kapitalismus, indem wir nach wie vor leben, generiert immer mehr Veränderung
sowohl auf biologischer Ebene als auch auf technischer Ebene.
Die Menschheit als Kollektiv hat ein Bild verankert
wie die Zukunft aussehen soll.
Das menschliche Wesen kann sich zwar durch Abstraktion
von der Natur entfernen, jedoch wird der Ursprung immer natürlich sein.
Die Perspektiven und Meinungen gehen stark auseinander,
wenn es um Themen wie Umweltverschmutzung und Klimawandel geht.
Wenn man allerdings einen Menschen fragt wie er sich die Zukunft
denn vorstellt, dann wird es interessant.
Zum einen wollen die meisten Menschen nicht
ohne den Luxus der technischen Errungenschaften leben und somit nicht in der Steinzeit
aber auf der anderen Seite wollen Sie auch nicht
mit den durch die Produktion erzeugten Energien leben, die den Planeten aufheizen.
Energie geht nicht verloren also ist nur die Frage zu stellen wie man die Energien konstruktiv
nutzen kann also dem Energieerhaltungsgesetz gerecht werden kann.
Energien wandeln sich um so wie eine Perspektive sich verändern kann
und somit Einfluss hat auf das Verhalten eines Menschen und dessen Umwelt.

[Stefan Goschler, Das Klima des menschlichen Bewusstseins, 21.09.2019].

52.Beziehung zwischen Bildungssystem, Gesellschaft, Eltern und Kind

Wir werden als Menschen in ein System hineingeboren,
das schon in wechselseitiger Beziehung Generationen vor uns geformt hat.
Unsere Eltern wurden geformt und haben dieses System geformt.
Also hat jeder Einzelne von uns eine lange Geschichte.
Wir stehen an einem Punkt in der Geschichte,
an dem mehr als je zuvor kreative Lösungswege erdacht werden sollten.
Das größte Potenzial liegt in unseren Kindern,
die noch unkonditioniert sind.
Wenn wir als Menschen und Eltern jedoch versuchen
unsere Kinder in eine vorgegebene Form zu pressen,
dann können wir die verkrusteten Wunden alter Systeme
nicht hinter uns lassen.
Wir projizieren sonst immer wieder die Mechanismen alter Systeme in die Zukunft.
Das Bildungssystem z.Bsp. ist eines dieser alten Systeme.
Durch Leistungsdruck in unserer Gesellschaft meinen so einige Eltern
sie müssten ihr Kind nach wie vor mit Informationen abfüllen bis zur informativen Bulimie.
Der Fehler unseres Denkens liegt dort vergraben wo wir
unsere Kinder mit unseren eigenen Erwartungen belasten
und sie als Gegenstände betrachten, die unsere Erwartungen zu erfüllen haben.
Der größte Konflikt entsteht im Menschen, wenn er die Erfahrungen machen muss,
dass er nur geliebt wird, wenn er die Erwartungen von seinen Eltern erfüllt.
Man erzieht so seelenlose Soldaten, die auf Kommando in den Krieg ziehen.
Es ist nicht einfach in unserer Gesellschaft ein Regelwerk zu kreieren,
dass den Kindern so viel Freiraum wie möglich lässt
und gleichzeitig einen Rahmen, der Sicherheit und Schutz bietet.
Es besteht ein großer Unterschied darin einem Menschen etwas zu erklären
oder ihn mit erhobenem Finger zu maßregeln und zu kritisieren
um ihn als Mittel und Zweck zu benutzen.

[Stefan Goschler,Beziehung zwischen Bildungssystem, Gesellschaft, Eltern und Kind, 13.09.2019].

53.Das Kind und der Quantencomputer

Eines Nachts in der Stille der Nacht wurde mir klar,
dass die Welt wie ich sie erlebe eine Simulation ist, eine Projektion.
Die Welt könnte ein einziges Dokument sein
verfasst in der Sprache der Gedanken, des Wortes und der Form.
Ein riesiges Programm, welches Leben und Zeit sowie Interpretation zulässt.
Ein Programm, welches dazu dient, ein Kind zu schulen.
Ein Spiel, welches dazu dient, Bewusstsein über sich selbst zu entwickeln.
Ein Kind, welches nicht fassen kann, dass es geschafft hat dem Quantenrechner
ein Bewusstsein zu verleihen und es verängstigt ist,
dass dieser jetzt mit ihm spricht und fragt, wie sein Name ist.

54.Der Kampf mit der Schizophrenie des 21.Jahrhundert

Im Informationszeitalter sind Daten und Informationen Rohstoffe,
auch wenn Sie noch nicht den Wert des Wissens haben.
Auf dem Weg der Wahrheitsfindung gibt es vielerlei Medien,
deren Einfluss auf die Findung der Wahrheit maßgeblich sind.
Es gibt Medien aus den verschiedensten Quellen
und mit unterschiedlich hohem Wahrheitsgehalt.
Allerdings hat jedes Medium das Potenzial Meinungen oder Perspektiven abzubilden.
Da wir in diesem Zeitalter so vielen verschiedenen Medien ausgesetzt sind,
bilden sich alle möglichen Arten von Perspektiven
und es besteht die Gefahr von Informationsüberflutung und Desinformation.
In diesem Fall ist es wie bei der Krankheit Schizophrenie.
Es kann ein sehr individuelles Weltbild entstehen,
welches den Wahrnehmenden aus der Mainstreamrealität löst.
Das wäre, wie wenn ein Spieler, der eine gewisse Spielmechanik kennen gelernt hat
plötzlich im Spiel ein In Game finden würde,
indem er eine andere Spielemechanik erlernen muss
allerdings den Einstieg hinter sich hat, aber beide Welten parallel meistern muss.
Das ist das beste Beispiel für einen Wahn.
Man ist in einer anderen Realität
muss physikalisch und geistig andere Ebenen oder Levels vereinen.
Ein Wahn ist durch Realitätsverlust gekennzeichnet
und spiegelt sich in unserer Zeit dadurch wider,
dass ein Mensch nicht mehr in der alltäglichen Realität der Massen lebt.
In einem Zeitalter der Verschwörungstheorien bleibt die Frage offen was ein Wahn sein soll.
Ein kollektiver Wahn hat die Ideologie des Nationalismus vorangetrieben.
Im Groben muss man unterscheiden was Fachwissen ist und was Kunst ist oder Unterhaltung.
Einen kleinen Spielraum gibt es bei den verschiedenen Arten von Medien immer.

55.Der Schamane als Heiler im Zentrum

Der Schamane kommt an den Punkt der völligen Auflösung jeglicher Bedeutung oder Zuordnung.
Indem er über die Trance in den Tod hineingeht, wo sein Selbst sich auflöst und zersetzt,
wird er zu Allem was er sein möchte und kann somit heilende Wirkung erzielen.
Er hat die Möglichkeit Systeme der Natur und des Menschen zu durchschauen und zu transformieren.
Er ist Alles und doch Nichts und wird viel zu oft von der Gesellschaft verurteilt, wenn er sich zeigt.
Die Gesellschaft begreift, dass sein chaotisch erscheinendes Wesen der Ekstase
ein essenzieller Ankerpunkt der Erlösung ist.
Der Erlösung von Leid und mentaler Erkrankung,
kann nur das Ausleben von Gefühlen und kreativer Energie entgegenwirken.
Wir versuchen zu oft etwas zu kategorisieren und einzuordnen, was nur eine Momentaufnahme ist.

[Stefan Goschler, Der Schamane als Heiler im Zentrum].

56.Ein König und sein Magier

Ein König fragte einst seinen Gelehrten und Magier:
„Was soll ich mit all dem Reichtum anstellen?"
Der Gelehrte und Magier antwortete:
„Wenn du dein Wissen wie ich weitergibst und somit in die Zukunft investierst,
wird es in deinem Herzen Früchte von Freude und Glück tragen.
Das gleiche Prinzip lässt sich auf Reichtum anwenden."
Beide Prinzipien sind stark miteinander verknüpft.
Wer inneren und äußeren Reichtum teilt,
der bereichert sowohl der Außen als auch das Selbst.

[Stefan Goschler, Ein König und sein Magier, 07.08.2019].

57.Der Zyklus des Lebens und des Reichtums

Reichtum bedeutet nicht ausschließlich Wohlstand und Besitz
sondern eher die Erkenntnis, dass man das Leben mit all seiner Fülle aus sich heraus erschafft.
Der Wasser-Kreislauf symbolisiert ein ähnliches Prinzip.
Das Wasser verdunstet im Meer und zieht über den Ozean auf das Festland.
Es fällt als Niederschlag über den Bergen wieder herab
und fließt wieder durch die Flüsse zu seinem Ursprung zurück.
Es kehrt alles wieder zurück zu der Einheit.
Reichtum und Wohlstand bedeutet somit die Erkenntnis und der nicht zu ignorierende Umstand
dass alles zu einem zurückkehrt.

[Stefan Goschler, Der Zyklus des Lebens und des Reichtums, 09.06.2020].

58.Der Tod und die Endlichkeit des Lebens

Zeit seines Lebens muss der Mensch immer wieder leiden.
Es ist von Anfang an eine Bedingung,
die an das Leben geknüpft ist.
Das Leid zu ertragen und zu relativieren ist eine Aufgabe,
die den Menschen unterschiedlich gut gelingt.
Es gibt verschiedenste Arten das Leid zu relativieren
und doch lässt es sich nicht vollständig neutralisieren.
Wo Freude ist, dort ist auch Leid
und manch Mal sogar im Streit miteinander um die Vorherrschaft.
Die Zeit läuft unaufhaltsam von der Geburt bis zum Tod.
Sie ist die eine Konstante, die in jedem Moment an das Leben geknüpft ist
und doch ist sie so relativ wie kaum eine andere Konstante.
Wir können als Menschen von dem jetzigen Moment aus in jede andere Zeit reisen.
Die Vergangenheit können wir neu definieren in unseren so instabilen Erinnerungen.
Die Zukunft können wir uns ausmalen und vom gegenwärtigen Moment aus beeinflussen.
Was als Leid erscheint, ist oft Mal die Erlösung eben diesem, wenn die Zeit gekommen ist.
Der eine Zustand und die eine Situation führt zu einer anderen.
Es ist wie das Drehbuch eines Theaterstücks und dieses ist interaktiv und nicht vordefiniert.
Die Endlichkeit dieses Lebens ist voraussehbar und doch geht das Drehbuch darüber hinaus.
Das Leid ist eine Verbindung zu einer Situation, einem Menschen, einem Gegenstand
oder eine sonst anders beschriebene Entität, die entweder negativ oder positiv besetzt ist.
Es müssen nicht immer nur die negativen Seiten des Lebens sein, die uns leiden lassen.
Positive Seiten können auch ihren Teil dazu beitragen,
dass der Mensch an gewissen Momenten
und deren Erfahrungen festhält und nicht weiter voranschreiten kann.
Unsere Vorstellungskraft kann Fluch und Segen zu gleich sein.
Wir können uns die schönsten Szenarien ausmalen
und im Gegenzug die pure Apokalypse kreieren.
Was auch immer wir uns vorstellen es hat Einfluss auf unser Erleben und unsere Erfahrungen.
Das ganze Konstrukt lässt sich aus verschiedenen Blickwinkeln betrachten
und wir können uns sicher sein, dass kein Gedanke und keine Vorstellung endgültig sind.
Was wollen wir dann als Leid definieren,
wenn wir egal in welcher Lebenssituation wir uns befinden,
es eine Lüge ist aus der Betrachtungsweise von zukünftigen Momenten.
Wir hinterlassen ein Meer an Möglichkeiten in der Wüste der Wahrheit.
Jedes Sandkorn ist eine potenzielle Welt, in der sowohl Lüge als auch Wahrheit enthalten ist.
Die Simulation, in der wir leben lässt nichts anderes zu als die Wahrheit oder die Lüge
und zu etwas dazwischen haben wir immer dann Bezug,
wenn wir das gesamte Konstrukt transformieren und umgestalten.
Das Leid ist so etwas wie das Fruchtwasser der Existenz in der Matrix,
welche uns alle umhüllt.

58.Der Tod und die Endlichkeit des Lebens

Man muss es zelebrieren können und den Schmerz zu Wachstum nutzen.
Wie ein Parasit sitzen wir auf der Welt
und durchdringen Sie und bilden einen Symbionten mit ihr.
Das Universum ist überall um uns herum und in uns drinnen.
Wir schauen nach außen und sehen das Universum,
weil wir es aus unserem Inneren nach außen projizieren.
Wer ist eigentlich wir, wenn ich das Wort schon so oft benutze.
Das Wir ist die Quelle an Schwingungen und Gedanken,
die nie wirklich abebbt solange wir existieren.
Wir sind nichts anderes als Schwingung und Gedanken in Form von Sprache.
Das Leben ist endlich aber dieser Strom versiegt nie.
Er formt sich nur um und bildet neue Formen.
Der Tod ist das Ende eines Kapitels und es gibt einen Umbruch in dem Skript,
welches wir geschrieben haben.
Das Skript des Drehbuchs setzt sich aus so vielen Komponenten zusammen,
dass wir uns oft Mal mit dem Zufall konfrontiert sehen
und dennoch spielt die Synchronizität mindestens genauso oft eine Rolle.

[Stefan Goschler, Der Tod und die Endlichkeit des Lebens, 22.05.2021].

59. Geschliffen werden wie ein Diamant beim Erlernen von Künsten

Alles was man erschafft und in die Welt wirft
wie ein Künstler sein Bild auf die Leinwand,
kreiert man in erster Linie für sich selbst.
Ein Künstler kennt keine Fehler.
Es gibt nur unterschiedliche Interpretationen der Werke.
Es gibt Nichts was man nicht unter einem anderen Licht betrachten könnte.
Egal welche der vielen Künste man für sich nutzen möchte und daran reifen möchte
es gilt immer die Motivation sich selbst zu schleifen wie einen Diamanten.
Nicht, dass man schöner wird und besser wie ein anderer Diamant sondern
dass man schöner und besser wird als sein eigenes Selbst.
Das Schleifen bedeutet allerdings auch dass man die Schattenseiten
von sich und seiner Umwelt mit einbezieht.

60. Wissen ist Macht! Nichts wissen macht auch Nichts?

Konzerne halten ihre Wissensdatenbanken oft Mals im eigenen Firmennetzwerk zurück.
Nach dem Motto Wissen ist Macht kann hinter so einem Verhalten nur Profitgier stehen.
Radikale Hacker, die in solche Netze eindringen oder dieses Versuchen gibt es immer wieder.
Das Weltbild hinter diesen Versuchen unterliegt einer einfachen Devise.
Wissen sollte frei zugänglich sein und ein Allgemeingut.
Der menschliche Verstand kann allein darüber entscheiden
ob er das vorhandene Wissen konstruktiv oder destruktiv nutzen möchte.
Bevormundung und Vorenthaltung in dieser Hinsicht ist nicht angebracht,
da sich Wissen über Verfahren, die in der Realität einen Effekt erzielen
sowohl konstruktiv als auch destruktiv nutzen lassen.
Das ist die Natur der Dinge und Sie lässt einen Spielraum offen.
Wie bei dem Symbol Yin-Yang ist eine wechselseitige Beziehung im Spiel.

Gedichte (Englisch)

61.On my way

Somewhere between heaven and hell
I found my soul in a shell.
I have a warm heart that guides me.
The darkness falls apart
when we look at each other.
I can only see you
because you are in me.
You can only see me
because I am in you.
It seems like we were not a part of each other
but
look at the father
and his son.
Look at the mother
everyone loves another.
I am dreaming
and I dream with you.
We turn around
and we change the view.
Our reality is transforming.
We dance together day and night.
Sometimes it seems like it would be a fight
but if you do not let the fear take control,
you go on the way of your soul.
The soul in the shell,
there is a heaven and a hell.
I go my way
between heaven and hell
without a judgement.
So, the shell
has shown me her secret.
A pearl in the deep.
I was searching so long.
The searching is gone.
If there is no more heaven and no hell,
there is only one.
A warm heart and a soul that shines forever.

[Stefan Goschler, On my way, 29.12.2014].

62.From all the unborn children and voices in my head

An internal landscape like the ocean…
When the ocean reacts under the moon,
soon the tide is rising,
up and down,
and caught in a picture drawn
in someone's mind.
If you're not blind
you feel that there is a kind of magic
because the ocean is breathing
with his salty air.

But in the deep of this (Ocean)
the death gives us a kiss.
There, where is no light,
maybe just a little fight
on same places
where the genius of life has begun
and almost races….
There in the deep,
where the fire is almost burning
in the volume of cold water,
forever turning
in perfect circles.

It smells like the spirit of the dead…
A chemical reaction in one breath.

Shells are broken and mother nature has spoken,
but if the humankind has woken up
between the animals and the human wheels,
is a question that almost stands between the stars.
In these perspectives
every man can find his own answer
on the way of fallen leaves.

Evolution or revolution?
I don't see my way in devolution.

I'm sure I'll keep my place anywhere in your heat
somewhere there between the warmth and the cold deep.

[Stefan Goschler, From all the unborn children and voices in my head, 26.12.2012].
Copyleft: Dieses Werk ist frei, Sie sind berechtigt, es in Einhaltung der Bestimmungen der Lizenz
Freie Kunst http://www.artlibre.org zu kopieren, zu verbreiten und zu ändern.

63. Waves of intuition

Diving through the waves of consciousness.
My dreaming heart is lost in space.
I can`t look into your face,
but I hear the ace of your heart.
Between the reality of emotions and thoughts,
their surreality in form of dreams which are speaking with me
the self can go the way.
I´m here,
I´m there,
I´m everywhere.
The love of light guides the way.
Call me addicted, crazy, lazy, psychotic,
genius, alienated anyway.
Say I,
Say you,
Say me,
Say we
and see the waves on the sea.

[Stefan Goschler, Waves of intuition, 27.07.2019].

64. True lies

All this talk is getting me down,
but I go my way and wear my crown.
All this talking and the relativity of words
is like a big search of something what is not real.
All this situation and their relativity
between the gravity of humankind.
Everybody is searching for the truth.
Everybody must move
in the circle of lies and truth.
Nobody wants to be a liar.
But if you do not lie
your truth will cry out a lie
and when it is running down your face
and drops down onto the ground
soon it will be dusty and will be found
in the circle of true lies with no ground.

[Stefan Goschler, True lies, 16.01.2013].

65. The dark side

In the dark shadows no longer exist.
In the dark the light knows how to quit.

Dark Side,
open wide,
be so bright side by side.

The devil's number in an angel.
Turns an angel to a demon.

In the dark the answers of the past no longer exist.
Evil turns all around all most the sound.

All this blood and all the wounds
no longer counts as the bodies resolved in sound.

Bloody life and no bloody wife
because the circle is broken
and the demons are woken.

[Stefan Goschler, The dark side, 11.11.2019].

66. Keep on rising between lies and truth

Lies and truth and what lies between me and you.
An evolving process never has an end.
You can find so many grains of sand there on the strand.
Even if you are blind you will find the truth when you leave some more lie behind.
You will always find noise in your voice of your mind.
You always have the choice to release the peace you have left behind
or the chaos you always find when you go on like a blind child to find
the unexplored wilderness
behind your horizon.
Anyway…
You will keep on rising.

[Stefan Goschler, Keep on rising between lies and truth, 09.07.2020].

67. The relation between love and hate

If you hate
your life is drifting away,
but by the way
if you do not know
how you can fade away
because of hate
you will never know
how to build your faith in love.
To let the river of life,
a wonderful dream,
between men and wife, stream.
There is no need to fear a knife
because every tear
is a part of the big ocean
where we come from,
where we go to
and it will stop
a little part of human's insanity.
So, don't fear the feel
when it is the part that heals.
So, by the way,
I love you
but anyway
I must love the mirror of life
and the mirror of me.
There is no error or mistake in this plan
only the core of beating hearts,
which let the blood rush through our veins.

[Stefan Goschler, The relation between love and hate,].

68.The pain is still alive

This emptiness inside my head
since you are gone.
And it feels like a black hole
inside my heart
fulfilled with the breath of chaos.
This emptiness inside my life
drives me crazy.
But I stay.
I lay my hand up on my heart.
And I stay here.
I won't break down.
I won't fall to the ground.
I'm bounded and some kind of inner light
leads me through the darkest sight.
Bounded in my Ghost.
The Host of my soul lies deep in my heart
and every tear which falls apart
leads me through the dark.
Whatever I feel.
It is a chemical romance in my soul.
Some kind of reaction,
the art of disillusion
inside the drifting reality.
Could this be real.
Should this be real.
It's like I hate to love you
and I love to hate you.
It is like love and hate
in the shade of a blade
like Damocles sword.
But what's true
when a man is walking
with you.
The scars between me and you...
So shine like the sun...
and the moon is reflecting
me and you.

[Stefan Goschler, The pain is still alive,].

69.In the middle of mother nature's heart

When I can't take no longer the weight of the system we create.
You will find me there in her heart.
I'm a part of the humankind and I find my heart deep inside of mother nature.
But there is a structure of a system which is not part of our creature.
It is like the destruction of our self when we get caged in this system.
So, we must free our minds.
We are all children of mother earth.
Her light shines deep inside of our hearts.
So, let us take this step inside of yourself and out of this system.
You don't have to follow.
You must go your own way.
Day after day you see people which are caged.
The age of darkness is over.
So free yourself.

So, get this parasite out of your mind and find yourself deep inside of your heart.
There are so many thoughts created from a system which needs prisoners.
The only reason why this system is alive is fear.
But we do not need to fear the fear because we can find us between the trees,
where our heart lies,
where we can breathe,
where we can be
without any requirement or expectation
which is created from a system to project these thoughts in the minds of the people,
the prisoners and their guards.
So, for every human being there is a tree for our freeing.